El Pirineu que volem

Edició num. 1

Índex per l'article "El Pirineu que volem":

Manifest del Pirineu que Volem
Resum del manifest sobre els efectes del canvi climàtic al Pirineu, la decadència ambiental i la necessitat de conscienciar per millorar el futur de la regió.

Entrevista a Joan Aixàs i Obiols: L'Arqueòleg de la Llengua
Un diàleg amb Joan Aixàs sobre la pèrdua de paraules autòctones del Pirineu i com ha intentat preservar aquest patrimoni lingüístic en un context de desaparició.

Clàudia Colom: La Sacerdotessa de la Música Catalana
Reflexió sobre el talent musical de Clàudia Colom i el seu impacte en la música catalana, incloent la seva fusió de música pèrsica i europea amb temes profunds.

Els 10 Aliments Més Amenaçats pel Canvi Climàtic
Un anàlisi de com el canvi climàtic afecta la producció d'aliments com el cafè, el cacau, el vi, l'oli d'oliva, i més, i les conseqüències per a la nostra dieta.

Ètica i Moral en el Món dels Algorismes
Un article sobre la responsabilitat ètica en el desenvolupament d'algorismes i sistemes d'intel·ligència artificial, especialment en situacions crítiques com els cotxes autònoms.

L'Estat de les Energies Renovables a l'Alt Urgell
Una investigació sobre les oportunitats i desafiaments de la transició energètica a l'Alt Urgell, incloent l'explotació de fonts d'energia solar i eòlica.

La Petjada en el CO_2 d'Internet
Exploració de l'impacte ambiental de l'ús d'internet, incloent com les xarxes globals i l'ús de plataformes com WhatsApp contribueixen a les emissions de diòxid de carboni.

Els 5 Llocs de Treball Més Demandats en la Indústria dels Videojocs
Una visió sobre els llocs de treball més sol·licitats en la indústria dels videojocs, des de desenvolupadors de programari fins a dissenyadors i testers de qualitat.

Com Crear una Llar Més Ecològica: Reduir Residus, Estalviar Energia i Viure de Manera Sostenible
Consells pràctics per transformar la llar en un espai més sostenible, des de la gestió de residus fins a l'ús d'energies renovables i l'elecció de materials ecològics.

T'agradaria que els teus articles i textos apareguessin al Pirineu que Volem?
Informació sobre com col·laborar amb la revista i aportar continguts d'interès per als lectors preocupats pel futur del Pirineu.

Manifest del Pirineu que volem:

A mesura que han passat els anys, els efectes del canvi climàtic al nostre territori s'han fet més visibles. El Valira baixa amb un cabal esquifit, els cultius produeixen menys i sembla que se'ns presenta un futur en què hi ha quelcom fosc, decadent i catastròfic.Esperant una resposta imminent per part de les autoritats, els dies passen i, aparentment, no hi ha un horitzó clar... Com a espècie depenem de la natura, però la natura no depèn de nosaltres. Així que des de l'equip de la revista el Pirineu que volem, tenim l'objectiu d'informar a l'audiència els "perques" del que vivim a causa del canvi climàtic, i també volem que descobriu entre les nostres pàgines com podeu millorar el futur i obrir una mica de llum al final del túnel. Perquè no som només una revista sinó un grup de joves entusiasmats per canviar el món. Dit això, doncs, cal dir que també som una revista proactiva en aspectes culturals, artístics i d'actualitat tecnològica.

ENTREVISTA A JOAN AIXÀS I OBIOLS - L'ARQUEÒLEG DE LA LLENGUA

El Català, és per a molts, una llengua de tradicions i part de la nostra sang. Tanmateix, no només existeix una forma de parlar-lo, sinó que amb el temps, cada territori ha desenvolupat una identitat pròpia d'aquesta llengua. Però en el Pirineu, amb en últims anys, s'han anat perdent molts mots que en el passat havien estat empleats amb força regularitat als nostres pobles.

Joan Aixàs, és un escriptor, compromès i interessat amb tot el que fa referència a la cultura del Pirineu. Ha escrit diversos articles i llibres. També ha participat en el retaule de Sant Ermengol, fet que evidencia tot aquest amor cap per la nostra terra. L'últim llibre, ha estat "paraules que m'agraden", on recupera mots i expressions que s'han anat perdent al llarg dels anys.

D'on sorgeix la idea del projecte?
Sorgeix de fer un recull de paraules autòctones de l'Alt Urgell que es perden perquè cauen en desús. Vaig iniciar la recerca a Cal Ton Xic, amb la sort de que els meus pacients eren de tota la comarca i finalment vaig tenir l'oportunitat de conèixer noves paraules i expressions. El nom del llibre "paraules que m'agraden" és deu a que el parlar de l'Alt Urgell s'ha format a partir de dialectes dels veïns, per tant no podem afirmar aquest "parlar" com un dialecte propi.

Quins creus que són els principals factors que han influït al llarg del temps en la desaparició d'aquestes paraules i expressions autoctones?
La resposta és multifactorial perquè el "català TV3" (el català estàndard) ha sigut el català més parlat i el que tendeix a ser més usat. Mentres que existeix una diferència entre català estàndard i català col·loquial, i el lèxic s'ha aplanat, cosa que provoca que si no és cuiden aquestes paraules, el dialectalisme vagi desapareguent.

Que es pot fer per a mantenir el llegat d'aquest llibre i les seves expressions?
Aquest llibre és un homenatge als nostres avantpassats que utilitzen aquestes paraules que van sobreviure a uns conflictes bèl·lics per conservar la parla. La idea és fer-ne un recordatori i donar-li continuïtat observant com parlem la gent de l'Alt Urgell. I identificar la necessitat de descobrir les joies que tenim a l'armari i estimular la gent a conservar la parla dins del que sigui possible. Els neologismes anglosaxons i anglicismes han influït negativament. Ens anem empobrint lèxicament.

Penses que el sistema educatiu actual fomenta l'ús d'aquestes paraules? I en conseqüència que es pot fer per a mantenir-les?
Crec que és una assignatura pendent. La setmana passada va sortir una subvenció per a introduir aquest llibre a les aules. Primaria i ESO tenen un paper clau, ja que en aquell moment els infants i joves son "esponges". Cada zona té el seu dialecte i fa gràcia descobrir-lo.

Creus que en l'àmbit rural, s'han usat més que a les ciutats?
Sí, cada petita vall té les seves variants dialectals. A la Seu ha passat que és un lloc de transició. Ha vingut gent de fora perquè han trobat més feina que fer de pagès. Primer van venir els seminaristes enviats de les cases amb pocs recursos, venien principalment del Pallars i la Ribagorça. Molts es van quedar fent sermons i dient la missa en el seu propi dialecte, i va fer que la Seu s'impregnés d'aquests parlars estrangers. El dialecte propi ha quedat diluït, per tant l'Alt Urgell no en té un de propi, com sí el té el pallarès.

Fan prou les institucions per assegurar la cultura autòctona?
Les institucions hi són. Estan registrades. La veritat és que totes ho tenen dins dels seus objectius, però aquests per a uns són més prioritaris que altres. El que jo he observat és que les prioritats són diferents. En general a tothom l'interessa però els pressupostos són els que són. L'institut d'Estudis Ilerdencs ha estat el que m'ha ajudat més i té de bo que tenen els seus assessors que pertanyen a la Universitat de Lleida. M'han acollit d'una manera molt activa. I comptar amb la UDL et tranquilitza. Personalment, agraeixo a tothom que m'ha ajudat.

CLÀUDIA COLOM, LA SACERDOTESSA DE LA MÚSICA CATALANA

rSovint la qualitat artística d'una cultura depèn del seu nombre de nadius. Com més n'hi hagi, més números perquè en surtin genis a dojo. No és insòlit, així, que la Xina tingui més poetes que Catalunya, la qual cosa no treu, a fe!, que siguin un gaudi tant els versos d'una com de l'altra. El descoratjador és que, en exhaurint-se'ns les lectures, aquí no ho tenim fàcil en la cerca de substituts... I, si ja la lírica és un camp minso, no cal dir el de la música culta, que es gronxa entre l'oblit i el fanatisme del públic.

No hi ha gènere que pateixi tant menyspreu i tingui, alhora, afiliats tan fervorosos. A les xarxes és senzill veure-hi tant mems corrosius com concerts apoteòsics. Amb tot, hi ha un ventall d'energúmens, quasi majoria, que hi llencen dards punxeguts i en destrossen la fama arreu. Mentides com que no s'entén o que és cursi han calat fins la medul·la d'alguns. La crítica íntegra, però, no s'està de lluir-se a vegades, i l'ha fumuda amb el disc La Flor del dimoni; on, fonent la música pèrsica i europea, Clàudia Colom hi diu com s'adonà del desastre a què es precipitava. Amb indefugibles referencies al suïcidi, conjura a déu perquè li treni la sang si així sent l'escalfor; o, melangiosa, es deleix per un palau d'absenta que la retorni als inicis de la vida. I, tot i que no en comparteixo les inclinacions religioses, us asseguro que no hi ha dogmatisme carregós a les lletres. L'únic que li veig en contra, però, és la sonoritat un poc desmesurada; la qual pot perdonar-se-li com a Wagner, qui "erra" en el mateix i té auditoris a cabassos des del XIX.

En resum, els crítics han volgut esconillar-se amb una música que supura sensualitat, misticisme i desig de superació. Han comès un sacrilegi envers tota una sacerdotessa, com aquells cristians que massacraren l'antiguitat grecoromana.

ELS 10 ALIMENTS MÉS AMENAÇATS PEL CANVI CLIMÀTIC.

Tant canvi climàtic, com les conseqüències d'aquest, afecten cada dia més a la forma en la qual adquirim i consumim productes essencials, en especial, els aliments, que degut a diversos factors com l'augment prolongat de les temperatures i la sequera, s'ha limitat de manera alarmant la producció. No cal anar gaire lluny per a observar que la baixa oferta de certs tipus d'aliments ha provocat, de manera directa i imminent, un augment dels preus d'una part dels productes que comprem als supermercats. Ara bé, aquestes pujades en diversos articles alimentaris, no han succeit de manera homogènia. En aquest article explicarem i analitzarem quins productes poden augmentar més en els pròxims anys als supermercats de l'Alt Urgell.

- **Cafè:** El cafè necessita unes condicions climàtiques molt específiques per créixer, i l'augment de temperatures i els canvis en les precipitacions poden reduir significativament les àrees aptes per al seu cultiu. A més, el cafè és vulnerable a plagues i malalties que poden ser més freqüents o severes a mesura que el clima canvia.
- **Xocolata (Cacau):** El cacau, que és la matèria primera de la xocolata, creix en condicions de clima humit tropical. El canvi climàtic pot provocar un augment de la sequera i alterar les precipitacions en les regions productores, afectant la producció.
- **Vi:** El cultiu de vinyes és molt sensible a les variacions climàtiques. Canvis en les temperatures i les precipitacions poden afectar la qualitat del raïm i, per tant, del vi. Algunes regions vinícoles poden veure's beneficiades, mentre que altres poden experimentar grans dificultats. Però en qualsevol dels casos, un augment general i prolongat de les temperatures pot afavorir el desenvolupament de plagues potencialment perilloses per a la collita com són el Mildiu, l'Oïdi i la Yesca.
- **Arròs:** Com a cultiu que depèn de grans quantitats d'aigua, el canvi en les precipitacions pot afectar greument la producció d'arròs. A més, l'augment de temperatures pot reduir els rendiments dels camps d'arròs.
- **Blat:** El blat és un altre cultiu bàsic que pot veure's afectat per temperatures més altes, que poden accelerar el seu cicle de creixement i reduir el temps per a la formació de grans, disminuint així els rendiments. A part d'això, el blat suposa un ingredient clau per a l'elaboració de farina i pinsos. És a dir que una baixa oferta de blat, així com altres cereals també repercutiria greument al sector ramader i als productes que en surten d'aquest.

- **Blat de moro (Panís):** El blat de moro és sensible a les altes temperatures, especialment durant la fase de pol·linització. El canvi climàtic pot provocar una reducció de la producció en zones ja estressades per la falta d'aigua.

- **Marisc, anxoves i tonyina:** El canvi climàtic està afectant els oceans, incloent l'escalfament de les aigües, la contaminació d'aquestes i l'acidificació (el baix pH de l'aigua), el que pot pertorbar els hàbitats marins i afectar les poblacions de peixos, incloent aquelles espècies que són importants per a la pesca comercial, en especial, el marisc, les anxoves i la tonyina. Cal dir però que tots aquests factors externs (no naturals), provocats pel ser humà, afecten també de manera directa l'aliment del qual es nodreixen els peixos, provocant així un doble efecte de perdua de poblacíó i baixa taxa de reproducció.

- **Oli d'oliva:** L'olivera és un altre cultiu mediterrani que es veu afectat per les altes temperatures i les sequeres, que poden reduir la producció d'olives i, per tant, d'oli d'oliva.

- **Mel:** El canvi climàtic afecta les abelles i altres pol·linitzadors, reduint la seva disponibilitat per a la pol·linització de molts cultius, incloent aquells de fruites i verdures. A part de tot això, en els últims anys, tot i que el augment de les temperatures afavoreix, en part a la floració anticipada de certes plantes i arbres, en els últims anys les poblacions d'abelles s'han reduït notablement degut a diverses causes que a dia d'avui se segueixen desconeixen, però estudis recents afirmen que l'ús d'insecticides hi podria tenir relació.

ÈTICA I MORAL EN EL MÓN DELS ALGORISMES

MARKUS URBAN

Imagineu-vos que sou jutges per un dia. Quina emoció! És el moment d'empresonar criminals perillosos i assassins en sèrie d'aquells que apareixen a les novel·les policíaques! El primer cas que us presenten, però, és un accident de cotxe. Potser no és tan emocionant com el que us imaginàveu, però ja veureu que d'interessant n'és més i tot. Us expliquen que un ciclista ha quedat greument ferit al ser atropellat un vespre, quan tornava de treballar. La solució és fàcil, penseu, i ja esteu mirant els llibres per determinar quants anys de presó li posareu al conductor. Però no correu tant, que hi ha més detalls! Resulta que el cotxe és autònom!

El cas s'ha complicat de sobte i ja rumieu de nou... Qui n'és el responsable? El fabricant, el comerciant que l'ha venut, l'informàtic que va dissenyar el sistema de conducció autònoma, el mecànic que li va fer la darrera revisió, el CEO de l'empresa? Les vostres reflexions s'interrompen de cop, però, perquè rebeu una altra notícia important. Resulta que el conductor, l'home de qui ja us havíeu mig oblidat, dormia com un soc. Boom. Deixeu anar un renec, sense voler. Per sort, sembla que ningú se n'ha adonat. Malgrat conduir de forma autònoma, sabeu que les empreses que fabriquen aquests cotxes deixen molt clar que el conductor sempre ha d'estar alerta, mirant la carretera i llest per actuar. Qui és el culpable, doncs? No cal que torneu a obrir el llibre, que hi ha més notícies!

Quan es va produir l'accident ja era fosc. Quan és fosc, és obligatori que els ciclistes portin una llum per facilitar-ne el reconeixement. Però resulta que el nostre ciclista... no la portava. Així que, ara sí, arriba el moment clau. És el moment de reflexionar i decidir. La gent us mira, esperant que parleu i enuncieu el culpable. Noteu com us baixa la suor al front i el cor us batega cada cop més ràpid. Llavors, de sobte, us desperteu. Buf! Sort que tan sols era un malson!

Apreciats lectors i lectores, el que acabeu de llegir no ho és pas, un simple malson. És una situació real, lleugerament modificada, que va passar als Estats Units. El cotxe era un Tesla i el ferit va acabar morint. Així que, el que potser alguns de vosaltres us heu plantejat com un joc de lògica, no ho és pas, un joc. I tampoc té una solució clara. Per sort, no sou jutges (o sí, qui sap?), de manera que no us heu de preocupar per trobar la solució més justa. El nombre de robots al món, però, no deixa d'augmentar, de manera que no està de més reflexionar-hi, de tant en tant, ja que incidents com aquests seran cada vegada més freqüents. Si busqueu una mica, trobareu tota una col·lecció d'incidents que van des d'històries que podria explicar en Leo Harlem al club de la comèdia a accidents greus que han afectat grans grups de persones.

Vull acabar aquest article, però, no pas donant una possible solució al problema, ni informant-vos del resultat del judici real, sinó comentant-vos la resposta que em va donar el meu avi després d'una llarga reflexió: *"El cotxe, a la presó!"*. Doneu gràcies que no és jutge...

T'AGRADARIA QUE ELS TEUS ARTICLES I TEXTOS APAREGUESSIN AL PIRINEU QUE VOLEM?

Contacta amb nosaltres escanejant el següent QR!

L'estat de les energies renovables a l'Alt Urgell.

Ben sabut és per tothom qui confia en el famos futur verd, que per a dur a terme una transició ecologica efectiva és necessari fer un canvi radical en la forma de produir i consumir energia, en especial l'electricitat. Però com afecta aquesta transició energètica, aparentment, tant imminent a casa nostra? Pot beneficiar-se econòmicament el pirineu de la nova indústria elèctrica renovable? Quines son les subvencions existents pels particulars que apostin per a produir energia solar?. En aquest article analitzarem i explicarem les respostes a aquestes preguntes.

En primer lloc, cal resaltar que les energies renovables, és caracteritzen, entre d'altres factors per a regenerar la materia prima més ràpid que el consum que es fa d'aquesta. Alguns exemples d'energies renovables, són: la solar, la hidroeléctrica o la eolica... I per la nostra sort, el Pirineu Català, disposa de grans extensions on els molins de vent preparats per a generar electricitat poden assolir rendiments notables.

La tesi proposada anteriorment és respalda sota un estudi dut a terme el juliol del 2021 i encarregat a la diputació de lleida per analitzar les possibilitats d'apostar per a l'energia renovable al Pirineu i Ponent. Aquest, va concloure que el Pirineu i Ponent disposa de 16.858 hectares "òptimes" per a produir electricitat d'origen fotovoltaic, amb una potencia total de 21.171 GWh. I pel que fa l'energia eòlica, l'anàlisi mencionat anteriorment conclou que a casa nostra és podrien produir 4.366 GWh. En total l'estudi conclou que en el pirineu Català i les terres de ponent podrien produir cinc vegades l'electricitat que és consumira en aquest.

Però la evidencia parla per si sola, pràcticament no s'està explotant aquest potencial, i pel que fan les expectatives de futur no s'han proposat projectes significants per a començar l'explotació d'aquests. Així però, si les explotacions de parcs eòlics són segons molts el futur de l'energia verda del Pirineu, per a altres, suposen un perill per a moltes espècies d'aus, i una "destrossa" del paisatge, que a efectes pràctics, pot degradar la imatge turística del Pirineu, així com, els ingressos que és deriven d'aquest.

Així doncs, per si l'opció de la construcció de parcs eòlics en el Pirineu és quedes obsoleta, també és disposa de l'energia fotovoltaica (plaques solars) que, en moltes regions encara esta poc explotada, i és que gràcies al desenvolupament científic/tecnològic, les explotacions fotovoltaiques cada vegada assoleixen rendiments majors per metre quadrat. En aquest cas, cal dir però que les explotacions fotovoltaiques és poden classificar en dos grans grups, per una banda tenim les explotacions d'autoconsum, bàsicament, particulars que coloquen plaques solars a les seves propietats per tal d'autoabastir-se l'electricitat. I per l'altra banda tenim, les grans i mitjanes explotacions amb finalitats purament comercials.

És important, conèixer i distingir aquests dos tipus d'explotacions, ja que per assolir un Pirineu lliure energèticament, hem d'assolir que s'inverteixi en la instal·lació d'aquests dos models de producció. Les explotacions fotovoltaiques amb finalitats comercials situades en els camps de les zones rurals abandonades, podrien ser una bona forma d'explotar econòmicament aquests, i al mateix temps, aportar ingressos als pagesos i els municipis. Però no és or tot allò que brilla, és a dir aquestes explotacions, suposen varios problemes i reptes a tenir en compte.

En primer lloc, que fomenten, en part, la limitació del terreny que és podria destinar a l'activitat agrària. En segon lloc, en certes zones, degut a l'estat dels camins i el preu d'extendre la xarxa elèctrica entre d'altres factors, fomentarien que la construcció de parcs fotovoltaics en les zones mencionades anteriorment tinguessin un preu elevat, limitant així el nombre d'inversors interessats en aquests projectes.

Pel que fa la part política, hi han certes subvencions per als particulars o empreses que apostin per a la instal·lació de plaques fotovoltaiques. Encara que per a molts resulten insuficients, per a molts altres pot suposar un factor determinant a tenir en compte a l'hora d'escollir si invertir en el sector electric o no.

LA PETJADA EN EL CO2 D'INTERNET.

El diòxid de carboni, també conegut com a CO2, és, en baixes concentracions, un element indispensable per a la vida a la terra. Permet que les plantes creixin i és desenvolupin, donant així abastiment a la base de la cadena alimentària. Tanmateix, en els últims anys, a partir de l'acció humana, els nivells d'aquest gas a l'atmosfera, s'han disparat exponencialment provocant així un calentament prolongat i cada cop major de les temperatures a l'escorça terrestre, donant pas aixis a un canvi climàtic que ha provocat danys severs e irreversibles a l'atmosfera i a la biodiversitat a nivell global.

Cert és que des de les autoritats, a partir de queixes i manifestacions ecologistes, han pres certes mesures per a limitar les emissions de CO2 a l'atmosfera que provoca l'ésser humà, com son, per exemple, subvencionar instal·lacions d'energies renovables, fomentar l'ús del transport públic, apostar per l'agricultura ecològica... Podrien ser mesures optimes per a alentir el ritme de creixement de les emissions de gasos d'efecte hivernacle. Tanmateix, les evidències parlen per si soles, i és que des de que va iniciar la revolució industrial, les emissions de CO2 han crescut exponencialment.

I per si la dada mencionada anteriorment quedes obsoleta, cal dir que és un fenomen global el fet de que les emissions anuals de diòxid de carboni superen, any rere any, les de l'any anterior, és a dir el creixement és exponencial. Per a mostrar-ho en dades reals, el 1995 les emissions de CO2 a nivell global van ser de 23.500 milions de tonelades, mentres que l'any 2019 van ser de 37.000 milions de tonelades.

Segurament, quan s'ens parla de CO2, escalfament global i gasos d'efecte hivernacle, pensem ràpidament en el fum de les fabriques i dels transports. Tanmateix, durant la pandemia del Covid-19 i el confinament les emissions de diòxid de carboni només van baixar un 12%, i tinguent en compte que a molts s'ens ha "vengut" la idea de que el transport terrestre és el principal causant de les emissions de CO2, com s'explica aquesta baixada tant "insignificant"?. En aquest article donarem resposta a la pregunta i explicarem com uns dispositius que, en l'actualitat sembla que aparentment, estan a l'abast de tothom son causants, en part, d'una part del diòxid de carboni que s'emet cada any.

En primer lloc, no suposa cap novetat el fet de saber que internet, és en realitat poca cosa més que un conjunt de màquines interconnectades entre si construint una gran xarxa d'informació i dades (d'aquí el prefix "inter" de "internacional" i el sufix "net" de "network"). Tanmateix, per a que un usuari pugui consumir qualsevol tipus de contingut a través d'internet és necessari establir una comunicació entre dos dispositius. Per exemple, per a que tu, en aquest precís moment puguis llegir aquest article, és necessari que hi hagi un servidor actiu vint-i-quatre hores i set dies a la setmana durant tot l'any que t'envii la informació que solicites a través del teu ordinador, tablet, mòbil... etc.

Cert és que l'electricitat gastada per a enviar paquets d'informació relativament petits és molt baixa, però, no inexistent. I és que vivim en un món, en el que, per sort i per desgracia, és cada dia més globalitzat i l'ús d'internet en els últims anys ha crescut de manera extremadament exponencial.

Per a posar un exemple pràctic de com influeix internet en les emissions de CO_2, analitzarem i calcularem el diòxid de carboni que és produeix per culpa de l'ús de "Whatsapp" a nivell global. I és que cada dia al món, s'envien, ni més ni menys que 100.000 milions de missatges de Whatsapp (segons dades de Facebook), i cada missatge pesa una mitja de 30 Kb (kilobytes). Tot això dona que cada dia per Whatsapp s'envien 3 bilions de Kb (2.861.023 Gb).

I fent una aproximació, enviar 30 kb en format de missatge de Whatsapp suposa una contaminació de 0,2 grams de diòxid de carboni (aquesta estimació és fa en base a les emissions produïdes per l'energia gastada en procesar i enviar el missatge). És a dir en total, podem concloure que, només amb l'ús, del whatsapp s'emeten 511 millons de tonelades de CO_2 a l'atmosfera (només per a procesar i enviar els missatges de whatsapp). En el pròxim article explicarem quant CO_2 emet tot internet més els dispositius que s'hi conecten, el resultat us sorprendrà.

EL PIRINEU QUE VOLEM

ELS 5 LLOCS DE TREBALL MÉS DEMANDATS EN LA INDÚSTRIA DELS VIDEOJOCS

La indústria dels videojocs és un dels sectors d'entreteniment que creix més ràpidament a nivell mundial, generant milers de milions de dòlars anualment i captant l'atenció de milions de jugadors a través de diverses plataformes. A mesura que la indústria s'expandeix, també ho fa la necessitat de professionals talentosos que puguin donar vida a jocs complexos. El mercat laboral en el sector dels videojocs és altament dinàmic, oferint oportunitats per a una gran varietat d'habilitats, des de creatives fins a tècniques. Si estàs buscant entrar en el sector o canviar de carrera, és útil saber quins rols són més demandats. Aquí tens els cinc llocs de treball més buscats en el sector dels videojocs, juntament amb informació sobre les seves responsabilitats, habilitats requerides i camins professionals potencials.

1. Desenvolupador de Jocs (Enginyer de Programari)

Un dels rols més crítics en la indústria dels videojocs és el de Desenvolupador de Jocs, sovint conegut com Enginyer de Programari. Els desenvolupadors de jocs són responsables de dissenyar, codificar i provar els mecanismes que fan funcionar un joc. Treballen estretament amb dissenyadors de jocs, artistes i altres membres de l'equip per donar vida a la visió creativa a través de la programació.

Responsabilitats:

- Escriure i depurar codi per assegurar-se que el joc funcioni correctament.
- Desenvolupar mecanismes de joc, física i intel·ligència artificial (IA).
- Implementar so, gràfics i elements d'interfície d'usuari al joc.
- Optimitzar els jocs per al rendiment en diverses plataformes (per exemple, consoles, PC, dispositius mòbils).

Habilitats Requerides:

- Domini de llenguatges de programació com C++, C#, Python o Java.
- Coneixement de motors de joc com Unity, Unreal Engine o Godot.
- Capacitat per resoldre problemes i pensament analític.
- Comprensió de la física del joc, el renderitzat gràfic i les xarxes.

Per què és Demandat: Amb la creixent complexitat dels jocs moderns, els desenvolupadors talentosos són més necessaris que mai. Ja sigui construint jocs amb un món obert immens o experiències mòbils ben ajustades, els desenvolupadors de jocs són essencials per a l'execució tècnica de qualsevol projecte. A mesura que la tecnologia evoluciona, els desenvolupadors també han de mantenir-se actualitzats amb les tendències emergents, com la realitat virtual (VR) i la realitat augmentada (AR), augmentant encara més la demanda d'aquest rol.

2. Dissenyador de Jocs

Els dissenyadors de jocs són els arquitectes del món dels videojocs. Creen els mecanismes principals del joc, desenvolupen les històries i dissenyen els nivells. La feina d'un dissenyador de jocs és assegurar-se que el joc sigui atractiu, desafiante i gratificant per als jugadors.

Responsabilitats:
- Desenvolupar el concepte general del joc, incloent les seves regles, històries i personatges.
- Dissenyar nivells, trencaclosques i objectius per desafiar el jugador.
- Col·laborar amb desenvolupadors i artistes per assegurar la coherència del disseny i la funcionalitat.
- Equilibrar el joc per assegurar-se que no sigui ni massa difícil ni massa fàcil.

Habilitats Requerides:
- Creativitat i habilitats de narració d'històries.
- Comprensió dels mecanismes del joc, la psicologia del jugador i l'experiència d'usuari (UX).
- Capacitat per utilitzar eines de disseny de nivells com Unity, Unreal o programari propi.
- Habilitats de comunicació i col·laboració per treballar amb altres equips.

Per què és Demandat: A mesura que els videojocs es fan més immersius i interactius, el rol del dissenyador de jocs ha crescut en importància. Els jugadors esperen jocs ben dissenyats que siguin no només visualment impressionants sinó també que ofereixin una jugabilitat profunda i atractiva. En un mercat saturat, el disseny d'un joc pot determinar el seu èxit o fracàs, el que porta a una gran demanda de dissenyadors de jocs amb capacitat per crear experiències captivadores.

3. Artista de Jocs (Modelador 3D i Animador)

Els artistes de jocs són les ments creatives que donen vida als elements visuals d'un joc. Des de dissenyar personatges i entorns fins a crear animacions i efectes especials, els artistes de jocs són responsables de la imatge i sensació del joc.

Responsabilitats:
- Crear actius 2D i 3D com personatges, entorns i objectes.
- Animar personatges i elements per assegurar un moviment suau i realista.
- Col·laborar amb dissenyadors de jocs i desenvolupadors per assegurar que l'art s'alineï amb la jugabilitat i la història.
- Dissenyar textures, il·luminació i efectes visuals.

Habilitats Requerides:
- Domini de programari com Adobe Photoshop, Blender, Maya i ZBrush.
- Fort coneixement d'anatomia, teoria del color i composició.
- Capacitat per crear art realista i estilitzat, segons l'estètica del joc.
- Coneixement de rigging, skinning i animació de models 3D.

Per què és Demandat: A mesura que els jocs es tornen més detallats i realistes, la demanda d'artistes de jocs qualificats continua augmentant. Ja sigui pels detalls intricats de les expressions facials d'un personatge o els vastos paisatges immersius de jocs de món obert, els artistes juguen un paper clau en la creació de l'atractiu visual d'un joc. L'auge de les tecnologies VR i AR ha impulsat encara més la demanda d'artistes capaços de crear entorns altament immersius i interactius.

4. Tester de Jocs (Assegurament de Qualitat)

Els testers de jocs, o testers d'assegurament de qualitat (QA), juguen un paper vital per assegurar-se que un joc estigui lliure de errors, glitches i problemes de rendiment. Abans que un joc arribi al públic, es sotmet a proves exhaustives per identificar qualsevol problema potencial que pugui afectar negativament l'experiència del jugador.

Responsabilitats:
- Jugar al joc per identificar errors, glitches i problemes de rendiment.
- Provar diferents escenaris, nivells i plataformes per assegurar la funcionalitat.
- Documentar problemes i treballar amb els desenvolupadors per resoldre'ls.
- Tornar a provar el joc després que els errors s'hagin solucionat per assegurar que no hagin sorgit nous problemes.

Habilitats Requerides:
- Atenció al detall i capacitat per pensar de manera crítica.
- Habilitats de comunicació per documentar i informar els errors clarament.
- Coneixement bàsic de programació o mecanismes del joc pot ser útil.
- Paciencia i persistència, ja que les proves poden ser repetitives.

Per què és Demandat: No importa quants experts hi hagi en el desenvolupament, els errors i glitches són inevitables en qualsevol joc. Amb la complexitat creixent dels jocs moderns, el rol dels testers de jocs ha crescut en importància. Les empreses busquen llançar jocs amb el mínim de problemes, ja que els errors poden portar a ressenyes negatives i jugadors insatisfets. Com a resultat, els testers de QA són molt demandats per assegurar-se que els jocs funcionin sense problemes abans de la seva llançament.

5. Productor de Jocs (Gestor de Projectes)

El rol del productor de jocs, sovint comparat amb el d'un gestor de projectes, és supervisar tot el procés de desenvolupament d'un joc, assegurant-se que es mantingui dins del calendari, el pressupost i els estàndards de qualitat. Els productors coordinen entre diversos equips –dissenyadors, desenvolupadors, artistes i màrqueting– per assegurar-se que el joc avanci sense problemes.

Responsabilitats:
- Gestionar el temps del projecte i assegurar-se que es compleixin els terminis.
- Coordinar la comunicació entre departaments per mantenir tothom alineat.
- Supervisar el pressupost i els recursos per evitar despeses excessives.
- Assegurar-se que el joc compleixi els estàndards de qualitat i els objectius.

Habilitats Requerides:
- Fortes habilitats organitzatives i de lideratge.
- Capacitat per gestionar múltiples tasques i equips simultàniament.
- Excel·lents habilitats de comunicació i resolució de problemes.
- Experiència amb programari de gestió de projectes com Jira, Trello o Asana.

Per què és Demandat: Amb el desenvolupament de videojocs esdevenint cada vegada més complex i implicant grans equips, la necessitat de productors qualificats ha augmentat. Un joc exitós requereix una coordinació i planificació eficients, cosa que fa que els productors siguin essencials per mantenir els projectes en marxa. La seva capacitat per gestionar els aspectes creatius i tècnics del desenvolupament assegura que els jocs es lliurin a temps i dins del pressupost, augmentant la demanda de professionals en aquest rol.

La indústria dels videojocs ofereix oportunitats diverses, amb molts rols altament demandats a causa de la complexitat i popularitat creixent dels jocs. Ja sigui que t'interessi la programació, el disseny, l'art, les proves o la gestió de projectes, hi ha un lloc per a tu en aquest apassionant camp. Enfocant-se en desenvolupar les habilitats adequades i mantenint-se al dia amb les tendències de la indústria, podràs construir una carrera exitosa en un dels sectors més dinàmics i innovadors d'avui.

COM CREAR UNA LLAR MÉS ECOLÒGICA: REDUIR RESIDUS, ESTALVIAR ENERGIA I VIURE DE MANERA SOSTENIBLE

Adoptar un estil de vida ecològic és més important que mai a mesura que augmenta la demanda global de recursos naturals i els impactes ambientals del nostre consum es fan més evidents. Un dels llocs més significatius per començar a marcar la diferència és a casa. Reduint residus, estalviant energia i adoptant pràctiques sostenibles, pots ajudar a protegir el planeta i, fins i tot, estalviar diners. Aquí tens algunes formes de crear una llar més ecològica de manera fàcil.

1. Reduir, reutilitzar, reciclar: Els fonaments de la gestió de residus

Una de les formes més senzilles de viure de manera sostenible és minimitzant els residus que acaben als abocadors. Les tres R – reduir, reutilitzar i reciclar – són principis clau per a una llar ecològica.

- Reduir: Comença reduint la quantitat de residus que generes. Opta per productes amb poc embalatge i compra a granel per evitar plàstic innecessari. Invertir en articles reutilitzables com bosses de tela, ampolles d'aigua i contenidors d'emmagatzematge ajuda a reduir la dependència dels plàstics d'un sol ús.
- Reutilitzar: Molts dels articles que descartes poden tenir una segona vida. Els pots de vidre poden servir per emmagatzemar, les samarretes velles poden convertir-se en draps i els mobles poden ser reciclats o restaurats en lloc de llençar-los. Abans de llençar alguna cosa, pensa si es pot reutilitzar a casa.
- Reciclar: Assegura't que recicles correctament familiaritzant-te amb les normatives locals de reciclatge. El paper, el plàstic i l'alumini solen ser reciclables, però les normes poden variar segons on visquis. A més, considera compostar els residus orgànics com les restes de menjar i jardí, la qual cosa redueix la quantitat de residus que envies als abocadors.

2. Estalviar aigua

L'aigua és un recurs preciós, i conservar-la no només estalvia diners en les factures, sinó que també ajuda a protegir el medi ambient. Aquí tens algunes maneres de reduir el consum d'aigua a casa:

- Repara fuites immediatament: Una aixeta que degota pot malgastar centenars de litres d'aigua amb el temps, així que assegura't de reparar qualsevol fuita a la llar tan bon punt apareguin.
- Instal·la accessoris eficients en aigua: Aixetes, dutxes i vàters de baix consum poden reduir considerablement l'ús d'aigua sense sacrificar el rendiment. Aquests accessoris són relativament econòmics i fàcils d'instal·lar.
- Sigues conscient dels teus hàbits diaris: Petits canvis, com apagar l'aixeta mentre et raspalles les dents, prendre dutxes més curtes i fer servir el rentavaixelles i la rentadora només amb càrregues completes, poden tenir un gran impacte en l'ús total d'aigua.
- Recull aigua de pluja: Si és possible, considera instal·lar un sistema de recollida d'aigua de pluja per utilitzar-la en tasques exteriors com regar plantes o netejar. Això pot reduir la dependència de l'aigua municipal i ajudar a mantenir un cicle d'aigua sostenible.

3. Millorar l'eficiència energètica

Conservar energia és un altre aspecte crucial d'una llar ecològica, i hi ha diverses formes de millorar l'eficiència mentre es manté el confort i la funcionalitat.

- Canvia a il·luminació LED: Les bombetes LED utilitzen un 75% menys d'energia que les bombetes incandescents tradicionals i duren molt més. Substituir les bombetes antigues per LEDs a tota la llar no només reduirà les factures elèctriques, sinó que també disminuirà la necessitat de reemplaçaments freqüents.
- Actualitza els electrodomèstics: Electrodomèstics com neveres, rentadores i rentavaixelles poden ser grans consumidors d'energia, especialment si estan desfasats. Busca electrodomèstics amb el segell ENERGY STAR, que indica que compleixen criteris específics d'eficiència energètica. Amb el temps, aquests electrodomèstics poden estalviar una quantitat significativa d'energia i reduir la teva petjada de carboni.
- Segella finestres i portes: Una bona aïllament ajuda a mantenir la temperatura de la teva llar, reduint la necessitat de calefacció i refrigeració. Col·loca tires de segellat al voltant de finestres i portes, així com segella esquerdes, per evitar corrents d'aire i estalviar energia.
- Utilitza un termòstat programable: Els termòstats intel·ligents permeten optimitzar els sistemes de calefacció i refrigeració, assegurant que només s'utilitzi energia quan sigui necessari. Programa el termòstat per reduir la temperatura durant la nit o quan no estiguis a casa, disminuint així el consum d'energia general.

4. Aprofita les energies renovables

La transició cap a fonts d'energia renovables és una forma poderosa de viure de manera més sostenible, especialment a mesura que les tecnologies solars i eòliques es tornen més accessibles i assequibles.

- Instal·la panells solars: Els panells solars són una excel·lent inversió a llarg termini que et permeten generar la teva pròpia electricitat, reduir la dependència dels combustibles fòssils i abaixar les factures d'electricitat. Tot i que el cost inicial pot ser significatiu, els incentius fiscals i les subvencions poden ajudar a compensar la despesa, i l'estalvi energètic es pagarà amb el temps.
- Compra energia verda: Moltes companyies elèctriques ofereixen l'opció de comprar energia verda produïda a partir de fonts renovables com l'energia eòlica, solar o hidràulica. Si instal·lar panells solars no és viable, optar per energia verda pot ser una forma de contribuir a la transició cap a xarxes energètiques més netes.

5. Tria materials sostenibles

Els materials que utilitzes a la teva llar poden tenir un impacte ambiental significatiu, així que és essencial triar opcions ecològiques quan construeixis o renovis.

- Opta per materials naturals: Sempre que sigui possible, tria materials naturals com el bambú, el suro o la fusta reciclada per al terra i el mobiliari. Aquests materials són renovables, biodegradables i sovint requereixen menys energia per produir en comparació amb opcions sintètiques com el vinil o el plàstic.
- Utilitza pintures i acabats no tòxics: Moltes pintures convencionals contenen compostos orgànics volàtils (COVs) que alliberen productes químics nocius a l'aire, contribuint a la contaminació de l'aire interior. Tria pintures i acabats amb baix contingut de COVs o sense, per crear un entorn de vida més saludable.
- Compra mobles de segona mà o vintage: En comptes de comprar mobles nous, considera comprar a botigues de segona mà o en línia. Això redueix la demanda de nous productes i evita que articles reutilitzables acabin als abocadors.

6. Adopta un estil de vida més verd

Crear una llar més ecològica va més enllà dels canvis físics; també implica adoptar hàbits més verds en la teva vida diària.

- Menja de manera sostenible: Reduir el consum de carn i centrar-se en menjars basats en plantes pot disminuir considerablement la teva petjada ambiental. Dona suport als agricultors locals comprant productes orgànics als mercats locals i considera cultivar les teves pròpies verdures si tens espai.
- Limita els productes d'un sol ús: Intenta eliminar els productes d'un sol ús com les tovalloles de paper, els coberts de plàstic i els subministraments de neteja d'un sol ús. Substitueix-los per alternatives duradores i reutilitzables com tovalloles de tela, estris d'acer inoxidable i coixinets de neteja rentables.
- Dona suport a marques ecològiques: Quan compris productes per a la llar, dona suport a empreses que prioritzen la sostenibilitat oferint envasos ecològics, pràctiques laborals ètiques i productes lliures de crueltat.

Conclusió

Crear una llar més ecològica no ha de ser aclaparador ni costós. Fent petits canvis sostenibles al llarg del temps – des de reduir residus i estalviar aigua fins a millorar l'eficiència energètica i utilitzar materials renovables – pots reduir significativament el teu impacte ambiental i contribuir a un planeta més saludable. No només aquests esforços beneficiaran el medi ambient, sinó que molts també milloraran el confort, l'eficiència i la rendibilitat de la teva llar.

Concurs de poesia:

Bases del Concurs de Poesia per a la Revista "El Pirineu que Volem"

1. Objectiu del Concurs

La revista El Pirineu que Volem convoca el seu II Concurs de Poesia, amb l'objectiu de fomentar la creativitat literària i donar veu a tots aquells que vulguin expressar la seva passió per la natura, la cultura, el Pirineu i els valors sostenibles.

2. Temàtica

Els poemes han de tenir com a temàtica central la relació entre els humans i la natura, el canvi climàtic, el patrimoni del Pirineu o la sostenibilitat. Es valoraran especialment les obres que transmetin reflexions profundes sobre el futur de la nostra terra i el medi ambient.

3. Participants

El concurs està obert a qualsevol persona major de 16 anys. Cada participant podrà presentar un màxim de 2 poemes.

4. Requisits dels Poemes

- Els poemes hauran de ser inèdits i no poden haver estat premiats en altres concursos.
- La llengua de les obres serà el català.
- Cada poema tindrà una extensió màxima de 40 versos.
- Els poemes han de ser presentats en format digital (preferiblement en format PDF o Word).

5. Presentació de les Obres

Les obres han de ser enviades tal com si fosin un article al seguent enllaç.

6. Termini de Presentació

El termini per a l'enviament dels poemes finalitzarà el 30 de octubre de 2024 a les 23:59h.

Poema premiat:

El crit de la muntanya

Al cim blanc del Pirineu, el vent s'alça,
porta records de neu i fonts glaçades,
on l'aigua, lliure, corria sense pausa,
avui és un murmuri que s'apaga.
Els arbres ploren fulles resseques,
el bosc que abans dansava amb la boira,
es mor de set, i amb ell, les velles històries
que ens feien somiar un demà sense presses.
Són els cims guardians del nostre passat,
i en el silenci de les valls eternes,
el canvi plou sense esperança,
mentre la terra clama, però no aprenem.
Escoltem el crit d'aquesta natura ferida,
abraçant el futur amb mans fermes,
perquè, al final, el que salvem amb la lluita,
serà la vida, el món, i la nostra essència.

Arnau Solé Montoliu (1985, Barcelona) és un poeta i escriptor que, tot i néixer a la ciutat, va trobar la seva veritable inspiració en els paisatges del Pirineu. Des de petit, va passar els estius a les muntanyes, on va desenvolupar una profunda connexió amb la natura i un interès creixent per les tradicions rurals. Amb estudis de filologia catalana, va començar a escriure sobre el canvi climàtic i la cultura pirinenca, publicant articles i poemes en diverses revistes.

La seva obra poètica està marcada per una forta consciència ambiental i un amor per la muntanya. Amb un estil que barreja sensibilitat i crítica social, Arnau s'ha convertit en una veu emergent en la literatura catalana. El seu poema "El crit de la muntanya" va ser guanyador del Concurs de Poesia de la revista El Pirineu que Volem, destacant per la seva capacitat d'evocar la bellesa i la fragilitat de la natura en un món canviant.

Patrocinadors:

Star Works media

Si busques serveis audiovisuals de qualitat, SW Media és la teva solució. Aquesta empresa ofereix una àmplia gamma de serveis que van des de la producció de vídeos corporatius, esdeveniments i publicitat, fins a la creació de continguts personalitzats. Amb un equip de professionals compromesos amb l'excel·lència, SW Media treballa per capturar l'essència de cada projecte, oferint resultats visuals impactants i personalitzats.

A més, la seva pàgina web, fàcil de navegar, et permet conèixer més sobre els serveis que ofereixen, veure projectes anteriors i contactar directament amb l'equip per a qualsevol necessitat. Tant si ets una empresa que necessita un vídeo corporatiu com si vols documentar un esdeveniment especial, SW Media té les eines i l'experiència per donar vida a les teves idees.

Visita **https://mlladoslavalira.wixsite.com/swmedia** i descobreix com poden transformar el teu projecte audiovisual en una experiència única i memorable!

Patrocina El Pirineu que volem:

Autors:

Martí Lladós

Markus Urban

Insabut (Autor anònim)

www.ingramcontent.com/pod-product-compliance
Lightning Source LLC
Chambersburg PA
CBHW051837210526
45473CB00005B/1913